CATALOGUE

DE

PORCELAINES DE CHINE

ET DU JAPON

Quelques faïences
Armes — Bois sculptés — Coffrets gothiques en fer
Pendules Louis XIV — Bronzes — Verrerie

MEUBLES EN BOIS SCULPTÉ

Sièges

Provenant de la collection de M. le comte de Tromelin

(Château de Coatserho)

ET DONT LA VENTE AURA LIEU

HOTEL DROUOT, SALLE N° 5

Le Mardi 27 Avril 1886

A DEUX HEURES

Mᵉ PAUL CHEVALLIER | M. CHARLES MANNHEIM
COMMISSAIRE-PRISEUR | EXPERT
10, rue Grange-Batelière, 10. | 7, rue Saint-Georges, 7.

EXPOSITION PUBLIQUE : Le Lundi 26 Avril 1886

DE 1 HEURE 1/2 A 5 HEURES 1/2

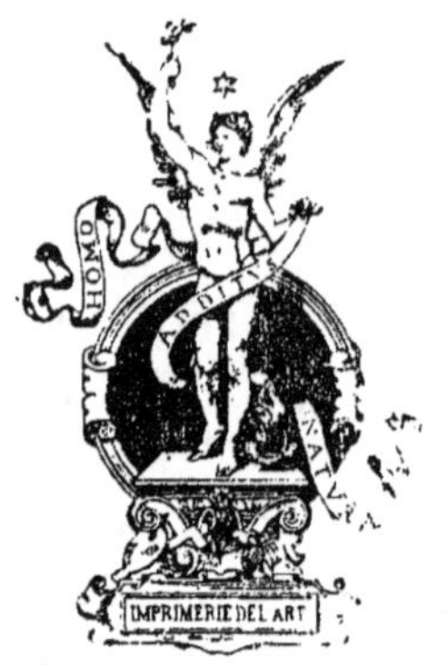

HOMO
IMPRIMERIE DEL ART

CONDITIONS DE LA VENTE

Elle sera faite au comptant.

Les adjudicataires payeront *cinq pour cent* en sus des enchères.

L'Exposition mettant le public à même de se rendre compte de l'etat des objets, il ne sera admis aucune réclamation une fois l'adjudication prononcée.

Paris — Imp. de l'Art. E. Ménard et J. Augry
41, rue de la Victoire, 41,

DÉSIGNATION DES OBJETS

PORCELAINES ANCIENNES DE CHINE

ET DU JAPON

1 — Deux potiches à couvercles, fond bleu de Perse, décorées de fleurs et d'ornements en dorure.

2 — Deux autres à fleurs arabesques en bleu.

3 — Potiche de forme allongée et deux cornets, décorés en bleu, à nombreux compartiments représentant des paysages avec figures.

4 — Potiche à couvercle décorée en émaux de la famille verte, figures et paysage.

5 — Potiche en Japon décorée en bleu, rouge et or, couvercle surmonté d'une figurine.

6 — Trois petites potiches et deux cornets en Japon, bleu, rouge et or.

7 — Deux statuettes de femmes en porcelaine du Japon, décorées en bleu, rouge, vert et noir.

8 — Deux plats ronds d'ancienne porcelaine de Chine, décorés eu émaux de couleur. Au fond, des pivoines, un vase et un kakémono. Sur le marli, une bordure lambrequinée en émaux bleu et rose.

9 — Deux plats ronds décorés en bleu, à fleurs et palmier.

10 — Cinq petits plats à décor de fleurs, en rouge de cuivre et or.

11 — Deux plats à grand médaillon, à figures peintes en bleu, en réserve sur un fond bleu poudré.

12 — Petit plat décoré en émaux de la famille rose, à fleurs et bordure lambrequinée.

13 — Deux plats, à figure de femme, au fond, treillis à la chute et bouquets au marli.

14 — Deux autres, de même décor mais plus grands.

15 — Deux plats longs, octogones, décorés en émaux de couleurs et dorure, sujets familiers et bordure de fleurs.

16 — Trois vases, pots à tabac, en Japon, décor bleu à paysage.

17 — Trois bouteilles en porcelaine de Chine, décor bleu à figures et paysages.

18 — Deux bouteilles forme gourdes, décorées en bleu, à chevaux et bouquets de fleurs.

19 — Deux petites potiches à décor de coqs et de fleurs en émaux de la famille rose.

20 — Aiguière en Chine, décorée en bleu, à figures et feuillages.

21 — Quatre flacons, à deux renflements, le bas émaillé brun, la partie supérieure à décor d'ustensiles en bleu sur fond blanc.

22 — Deux petites potiches émaillées noir.

23 — Quatre petites potiches et deux cornets, décor à figures avec encadrements en bleu et rouge.

24 — Plat oblong à décor d'oiseaux et de pivoines en émaux polychromes rehaussés de dorure.

25 — Plat rond à décor d'arbustes fleuris, bambous, oiseaux.

26 — Plat rond décoré en émaux de la famille rose : au fond, bouquet de pivoines ; à la chute et au marli, des bandes lambrequinées à dessin de mosaïques et de fleurs.

27 — Plat à décor de chrysanthèmes et bordure à arabesques, en bleu, rouge et or.

28 — Deux plats décorés d'oiseaux et de chrysanthèmes.

29 — Environ deux cents compotiers et assiettes,
jolies pièces d'échantillon en ancienne porcelaine
de la Chine et du Japon, seront vendus sous ce
numéro.

PORCELAINES VARIÉES

30 — Grand plat creux à bord festonné en ancienne
porcelaine tendre de Tournay, décoré en bleu
et en dorure.

31 — Écuelle à couvercle et plateau en porcelaine
de Saxe gaufrée, à décor d'oiseaux.

32 — Pendule à figurine d'Amour, colombes et guir-
landes en porcelaine de Saxe.

FAIENCES

33 — Plat en ancienne faïence d'Urbino à décor polychrome représentant un épisode de la vie de
Moïse. Au revers, l'inscription suivante : *Moïse.
qui. frape. la. roche.* » (Sic.)

34 — Plat rond en faïence de Delft à décor bleu à
figures dans le style chinois.

35 — Bannette en Rouen à décor en bleu, rouille et vert, à la corbeille fleurie, avec jolie bordure.

36 — Trois vases et une écuelle en faïence de Saint-Omer, à fond d'émail bleu rehaussé de fleurs en émail blanc.

37-38 — Deux huiliers en Rouen à décor polychrome, à la corne.

ARMES

39 — Épée du xviiie siècle, à poignée en fer ciselé à décor de trophées d'armures.

40 — Autre épée de même époque à poignée d'acier.

41 — Yatagan à poignée d'argent doré et niellé, et fourreau en argent repoussé.

42 — Autre à poignée en corne, avec fourreau en or.

43 — Fusil de chasse à deux coups et deux fusils à pierre.

44 — Deux tromblons.

45 — Paire de petits pistolets à pierre du xviie siècle, à canons incrustés d'or et d'argent.

46 — Paire de pistolets orientaux, à pierre, à canons en damas damasquiné d'or, et fûts garnis en argent.

47 — Six pistolets à pierre, sous ce numéro.

48 — Deux yatagans à lames en damas damasquinées d'or avec poignées en morse.

49 — Sabre turc à lame courbe, poignée en corne, fourreau en velours garni de deux feuilles en argent doré, capucines et quillons en cuivre.

5o — Sabre turc analogue au précédent.

5 I — Deux sabres turcs à lames courbes.

52 — Quatre sabres de cavalerie garnis en cuivre.

53 — Lances et piques turques, espontons, javelots, casse-têtes. (Ce lot sera divisé.)

54 — Arcs, flèches, lances et javelots de l'Océanie. (Ce lot sera divisé.)

55 — Trois fers de lance et une baïonnette.

56 — Claymore et deux sabres indiens à lames droites à rainures.

57 — Cinq haches d'abordage et de corsaires bretons.

58 — Masse d'armes à ailerons dorés.

59-6o — Quatre poignards orientaux à poignées de morse.

61 — Autre à lame ciselée et poignée d'agate garnie d'argent et enrichie de pierres de couleur.

62 — Petit poignard oriental à poignée d'agate et fourreau d'argent.

63 — Autre, poignée d'agate à pans et fourreau en vermeil.

64-65 — Quatre poignards orientaux et européens.

66 — Couteau de chasse Louis XIV à pommeau et quillons incrustés d'argent.

67 — Deux couteaux à manches de jade et trois à manches d'agate.

68 — Trois couteaux à manches en porcelaine décorée.

69 à 71 — Neuf couteaux à poignées d'ivoire, plusieurs avec fourreaux.

72-73 — Sept couteaux variés, européens et orientaux, et une dague.

SCULPTURES

74 — Albatre. Deux bas-reliefs du XVᵉ siècle : le Couronnement de la Vierge.

75 — Bois sculpté. Deux sirènes formant cariatides.

76 — Bois sculpté. Écusson supporté par des anges et tête de saint Jacques.

77 — Bois sculpté. Colonnette, frontons, statuettes.

78 à 80 — Bois sculpté. Trois panneaux rectangulaires en largeur, sujets à figures et motifs de feuillage.

81 — Bois sculpté. Deux autres, en hauteur : le Sauveur du monde et le Bon Pasteur.

82 — Bois sculpté. Bas-relief : la Mise au tombeau, et une console-applique.

83 — Bois sculpté. Deux panneaux sculptés : l'Annonciation et la Visitation.

OBJETS VARIÉS

84 — Coffret en fer décoré de meneaux gothiques et à serrure architecturale à colonnettes. Travail français du xvᵉ siècle.

85 — Coffre en fer, analogue de décor, mais plus petit.

86 — Statuette de Lucrèce en bronze du xviiᵉ siècle.

87 — Pendule du temps de Louis XIV, en marqueterie de cuivre sur écaille garnie d'appliques, cariatides, figures de femmes, mascarons et moulures en cuivre ciselé et doré.

88 — Deux appliques Louis XVI à deux lumières, en bronze ciselé et doré.

89 — Quatre appliques Empire, à trois branches, en bronze doré.

90 — Lustre en bronze, garni de cristaux.

91 — Petite mandoline bordée d'ornements en ivoire et ébène.

92 — Violon ancien; trois archets.

93 — Lampe d'église en cuivre gravé et doré.

94 — Deux verrières composées d'anciens vitraux à figures de saintes, ornements, etc.

95 — Lots d'anciennes soieries.

96 — Verrerie de Venise et de Bohême. Environ 40 pièces : buires, flacons, bouteilles, verres à liqueurs, plateaux, etc., seront divisés sous ce numéro.

MEUBLES

97 — Prie-Dieu en bois marqueté, orné de deux panneaux d'ébène sculptés, à figures de cavaliers, et surmonté d'un dais en chêne à figures de saintes sous des arceaux gothiques.

98 — Lutrin Renaissance en chêne sculpté, à base hexagone décorée de bustes et d'arabesques et flanquée de pilastres d'angles.

99-100 — Deux meubles à portes surmontant un tiroir, en chêne sculpté à bas-reliefs mythologiques et cariatides.

101 — Ancien coffre breton en bois sculpté à panneau principal représentant l'Adoration des Mages.

102 à 106 — Cinq coffres bretons en bois sculpté à ornements gothiques et serviettes repliées.

107 — Petit cabinet en bois noir à abattant et intérieur à tiroirs plaqués d'écaille, incrustés de filets d'ivoire et séparés par des colonnettes détachées.

108 — Petit cabinet Louis XIII en ébène ouvrant à deux vantaux. Intérieur à tiroirs et réduits, décoré de plaquettes de marbre, de filets en dorure et de colonnettes en cristal et en ébène surmontées de figurines en bronze.

109 — Coffret à couvercle bombé en laque noir à décor de fleurs en dorure avec écoinçons et fermoir en cuivre gravé.

110 — Chaise à porteurs du temps de Louis XV, en bois doré, avec panneaux peints en grisaille à décor de rocailles et d'armoiries ; intérieur garni en soie du temps.

111 — Meuble à deux corps en vieux chêne sculpté ; la partie inférieure est en forme de coffre décoré de scènes mythologiques et de cariatides d'angles. Le corps supérieur, servant de vaisselier, est orné de cariatides en haut-relief et de godrons.

112 — Meuble à deux corps analogue au précédent.
113 — Coffret à couvercle bombé en mosaïque de nacre.

114 — Petit cabinet en laque à fond rouge, décoré de figures chinoises et d'arbres en relief avec rehauts en dorure.

115 — Petite pendule Louis XV et sa console-applique en marqueterie de cuivre sur écaille et garnie de bronzes.

SIÈGES

116 — Deux chaises Louis XIII à pieds et croisillons tors, couvertes en velours grenat frappé.

117 — Fauteuil Louis XIV à montants tournés, accoudoirs à têtes de lion, garni en velours grenat uni.

118 — Autre fauteuil à bras et pieds tors, garni en velours vert uni.

119 — Deux chaises anciennes, couvertes en velours grenat uni.

120 — Deux chaises Louis XIV à dossiers élevés, en bois sculpté, garnies en velours grenat.

121 — Chaise à montants tordus en spirale, garnie en cuir.

122 — Ameublement de salon en bois doré, couvert en soie brochée à fond rouge : un canapé, quatre fauteuils et quatre chaises.

123 — Lots non catalogués.